KONRAD REDEKER

Bild und Selbstverständnis des Juristen heute

SCHRIFTENREIHE
DER JURISTISCHEN GESELLSCHAFT e.V.
BERLIN

Heft 36

Berlin 1970

WALTER DE GRUYTER & CO.

vormals G. J. Göschen'sche Verlagshandlung · J. Guttentag, Verlagsbuchhandlung
Georg Reimer · Karl J. Trübner · Veit & Comp.

Bild und Selbstverständnis des Juristen heute

Von

Dr. K. Redeker

Rechtsanwalt

Vortrag
gehalten vor der
Berliner Juristischen Gesellschaft
am 21. Januar 1970

Berlin 1970

WALTER DE GRUYTER & CO.

**vormals G. J. Göschen'sche Verlagshandlung · J. Guttentag, Verlagsbuchhandlung
Georg Reimer · Karl J. Trübner · Veit & Comp.**

Archiv-Nr. 27 27 70 6

Satz und Druck: **S** Saladruck, Berlin 36

Das Bild des Juristen ist in der Geschichte oft, meist mit recht negativen Akzenten gezeichnet worden. Von den „Wespen" des *Aristophanes* bis zu den Tuis, jenen philosophisch drapierten Juristen in *Bert Brechts* Turandot finden wir in der Literatur eine Reihe von Darstellungen der Juristen — Richter, Anwälte und Notare, Verwaltungsbeamte —, die in der Regel von Engstirnigkeit und Lebensfremdheit über hochmütige Arroganz bis zur Willfährigkeit und physischer und geistiger Korrumpiertheit vorwiegend schlechte Eigenschaften besitzen. Es wäre reizvoll, das Bild des Juristen anhand dieser Literatur aus der Geschichte heraus zu entwickeln. Ich greife es hier nicht auf. Vielmehr möchte ich es als meine Aufgabe ansehen, ganz ahistorisch allein von der Gegenwart auszugehen, zu versuchen, das Bild des Juristen zu umschreiben, wie es sich heute aus Stimmen der Gegenwart darstellt. Ich möchte so Zeit gewinnen, um mich ausführlicher den Fragen des Selbstverständnisses des Juristen heute zu widmen, den Fragen also, wie der Jurist sich selbst, seine Aufgaben und Arbeit heute sieht oder sehen kann.

Ich erspare mir deshalb auch den Rückblick auch nur in die jüngste Vergangenheit, etwa zu dem 1959 erschienenen, in vieler Hinsicht köstlichen, sicher für die damalige Zeit auch charakteristischen Büchlein mit dem Titel „Juristenspiegel"[1], in dem viele bekannte Persönlichkeiten, Juristen und Nichtjuristen, das Bild des Juristen gezeichnet haben. Nur ein Jahrzehnt trennt uns von diesem Büchlein. Nur ein Jahrzehnt, aber welche Welt liegt zwischen diesem „Juristenspiegel" und dem „Spiegelbild des Juristen", das der „Spiegel" in seiner Hochschulreihe im August 1969 entworfen hat[2]. Aus der heiteren und wohlwollenden Kritik ist beißende Ironie geworden. Unter Auswertung von Stimmen fast durchweg nicht unbekannter Juristen unserer Zeit — durchaus nicht nur von Außenseitern — entsteht im „Spiegel" das Bild eines Juristen, der „in der Illusion des Rechts als einem sich selbst genügenden Maßstab" lebt, von der Vorstel-

---

[1] Juristen-Spiegel, herausgegeben von *Hans Martin Schmidt*, 2. Aufl., Köln, 1960.
[2] „Der Spiegel", Heft Nr. 32/1969, S. 86 ff.

lung beherrscht ist, „gesellschaftliche Konflikte mittels der Abstraktion von Gesetzen ausmessen zu können", der durch die Schulung für den Positivismus ein „weiteres Mal anfällig für den Mißbrauch durch staatliche Autorität" sein kann, dessen Blick für die gesellschaftliche Wirklichkeit getrübt, dessen Handwerkszeug, die Rechtswissenschaft, von der gesellschaftlichen, politischen und moralischen Wirklichkeit des Rechts entfremdet sei. Hier wird auf breiter Front die Fähigkeit des Juristen bezweifelt, seine ihm durch Staat und Gesellschaft gestellten Aufgaben zu erfüllen. Einseitige soziale Herkunft, unzulängliche wissenschaftliche Ausbildung, Unkenntnis der wirklichen Lebensverhältnisse und Kritiklosigkeit gegenüber dem politischen und gesellschaftlichen Hintergrund, lassen nach Meinung des „Spiegel" den gegenwärtigen Juristen ungeeignet erscheinen, im modernen Staat Recht zu setzen, Recht anzuwenden und Recht zu sprechen. Es ist an dieser Stelle auf die Berechtigung dieser Kritik nicht näher einzugehen, einzelne Aspekte hiervon müssen uns noch später beschäftigen. Man sollte aber nicht übersehen, daß dieses Bild des Juristen vieles artikuliert, was heute in breiten Bevölkerungskreisen über den Juristen gedacht wird, soweit man sich solcher Fragen überhaupt bewußt ist und hierüber reflektiert. Man sollte deshalb, insoweit stimme ich *Müller*[3] in seiner Auseinandersetzung mit diesem „Spiegelbild" in der Zeitschrift für Rechtspolitik zu, dieses Bild ernst nehmen.

Man sollte dies um so mehr, als manche in dem Artikel mehr aphoristisch umschriebenen Erscheinungen sich in wissenschaftlichen Untersuchungen bestätigt haben. Die Soziologie hat sich inzwischen der Juristen als Berufsgruppe angenommen. Nach den mancherlei Arbeiten von *Dahrendorf*[4] zur Soziologie der juristischen Berufe und den Überlegungen von *Weyrauch*[5] über Herkommen und Denkungsweise von Richtern hat jetzt *Kaupen*[6] seine eingehenden Untersuchungen über soziale Herkunft,

---

[3] *Müller*, ZRP 1969, 223 ff.

[4] *Dahrendorf*, Zur Soziologie der juristischen Berufe in Deutschland, AnwBl. 1964, 216 ff.; Deutsche Richter, ein Beitrag zur Soziologie der Oberschicht in „Gesellschaft und Freiheit" München 1961, S. 178 ff.; Ausbildung einer Elite: Die deutsche Oberschicht und die juristischen Fakultäten in „Monat", 1962, 15 ff.

[5] *Walter O. Weyrauch*, The Personality of Lawyers, New Haven und London 1964.

[6] *Kaupen*, Die Hüter von Recht und Ordnung, Luchterhand, Soziologische Texte, Bd. 65.

Erziehung und Ausbildung der deutschen Juristen vorgelegt.
Man kann dieses Buch nur allgemein zur Lektüre empfehlen.
Wer von soziologischen Arbeiten nicht aus einer Art Glaubens-
grundsatz von vornherein nichts hält, wie dies freilich unter
Juristen nicht ganz selten ist, wird hier eine Vielzahl hoch-
interessanter Feststellungen finden, die selbst dann nicht ohne
Eindruck bleiben, wenn man den Folgerungen des Verfassers
aus diesen Feststellungen nicht immer zu folgen bereit ist. Hier,
bei den kurzen Andeutungen über das Gegenwartsbild des Juristen, müssen folgende Hinweise genügen:

Kaupen untersucht die Juristen insgesamt, weil er glaubt, daß
die Juristen als Berufsgruppe trotz ihrer sehr unterschiedlichen
Arbeitsbereiche in Herkunft, Ausbildung, beruflicher Aufgabe
und Denkweise genügend Gemeinsamkeiten aufweisen, die eine
solche zusammenfassende Behandlung rechtfertigen. Ich teile
diese Auffassung und werde später noch versuchen, sie näher zu
begründen. Umfangreiche Übersichten befassen sich mit der
sozialen Herkunft der Juristen. Sie gipfeln in der Feststellung,
daß bezogen auf den Zeitraum 1960 bis 1965 40 % der Jura-
studenten aus Beamtenfamilien stammen, daß sich der Richter-
nachwuchs zu 45 % aus Beamtenfamilien rekrutiert, der Nachwuchs der Rechtsanwälte dagegen zu 37 %, und daß 1959 50 %
der Richter am OLG und 1962 56 % der Richter am BGH
Söhne und Töchter von Beamten waren. Diese Zahlen — ich
übergehe viele Einzelheiten — besagen für *Kaupen* zweierlei:
Die Richterschaft ist nach ihrer sozialen Herkunft ungewöhnlich homogen zusammengesetzt; diese Zusammensetzung reprä-
sentiert aber andererseits die gesamte Bevölkerung in keiner
Weise. Denn an der Gesamtbevölkerung ist die Beamtenschaft
nur mit 9 % beteiligt. 9 % der Bevölkerung stellen also 56 %
unserer höchsten Richter. Umgekehrt beträgt beispielsweise der
Anteil der Angestellten an der Bevölkerung 18 %, sie sind aber
an der Herkunft der Bundesrichter nur mit 14 % beteiligt. Aus
dem größten Bevölkerungsteil, den Arbeitern, 56 % im Jahre
1961, stammen nur 2 % der Bundesrichter. Für die anderen
juristischen Berufe gelten nicht die gleichen, aber ähnliche Zahlen. Überdurchschnittliche Bindungen an den Heimatort sind ein
weiteres Kennzeichen der Juristen. Sie stammen weit über die
sonstigen akademischen Berufe hinaus aus Mittelstädten und
bleiben wieder wesentlich stärker als andere Berufe der Heimat-

4

stadt oder dem Ort der ersten beruflichen Tätigkeit verhaftet. Die Homogenität setzt sich in der Schulausbildung fort; die Differenzierung und Zusammenhänge, die *Kaupen* hier zwischen den Schulformen — humanistische oder mathematisch-naturwissenschaftlich höhere Schule — und der späteren Berufswahl, aber auch dem späteren Berufserfolg feststellt, sind ungewöhnlich fesselnd, müssen hier aber übergangen werden. Wesentlich ist die Beobachtung, daß die Berufsziele im Laufe des Studiums Wandlungen unterliegen. Während in den ersten Semestern des Jurastudiums der Rechtsanwalt am stärksten genannt wird, dem Richter, Verwaltungsbeamter und Wirtschaftsjurist folgen, rangiert in den letzten Semestern der Richter und Staatsanwalt weit vor dem Rechtsanwalt und ist das Interesse an Verwaltung und Wirtschaft erheblich gesunken. *Kaupens* Schluß, daß deutlich das Ziel der juristischen Ausbildung, die Befähigung zur Entscheidung von Streitfällen, unmittelbar die Berufswahl beeinflußt, scheint mir nicht von der Hand zu weisen zu sein. Dieser Entwicklung entspricht es gleichzeitig dabei auch, daß nach überwiegender Meinung der Justizjuristen der Beruf des Richters im Ansehen an der Spitze steht, während der des Rechtsanwalts erst hinter dem Beamten, Manager und Unternehmer folgt und nur noch durch den Beruf des Diplom-Ingenieurs unterboten wird, daß aber auch die Rechtsanwälte den Richter an die Spitze rangieren und sich selbst nach Pfarrer und Arzt erst an vierter Stelle folgen lassen.

In umfassenden Analysen der Denk- und Anschauungsweisen befragter Juristen aller Altersklassen stellt *Kaupen* eine relativ indifferente diffuse Orientierung an den Problemen der Gemeinschaft fest, die mit dem Fehlen spezieller Interessen einher geht. Sie führt zur Identifikation mit den Wünschen dieser Gemeinschaft, die soziale Existenz steht im Mittelpunkt, der Beruf ist Sicherung dieser Existenz. Notwendige Folge ist eine gewisse Identifikation mit der sozialen Ordnung, mit den vorhandenen und überkommenen Zuständen und Vorstellungen. Damit ist eine gewisse Immobilität des Denkens verbunden, ein Beharren auf vorgefundenen Ordnungen, Distanz und Reserve gegenüber Änderungswünschen, gegenüber dem Experiment[7]. Diese Kennzeichnung beschränkt sich nicht auf den Richter. Im Gegenteil,

---

[7] *Kaupen*, a. a. O., S. 63 ff.

Kaupen findet sie ebenso in den anderen juristischen Berufen, auch in der Anwaltschaft. Nach meinen eigenen Beobachtungen ist diese letztere Feststellung kaum zu bestreiten. Im Gegensatz zu den Verhältnissen in anderen Staaten ist bei uns die Anwaltschaft als Ganzes vielleicht sogar die konservativste Gruppe der Juristen; wir hören ihre Stimme in der Suche nach einem neuen Selbstverständnis der Juristen ebenso wie in dem Ringen um neues Recht oder neue Formen der Rechtspraxis nur in einigen wenigen Bereichen. Daß *Kaupen* diesen restaurativen Zug in der Anwaltschaft mit dem Verlust der jüdischen Kollegen nach 1933 in Zusammenhang bringt, ist des Nachdenkens wert.

Ergebnis dieser Analysen ist für *Kaupen*, daß der Jurist, wie er sich gegenwärtig zeigt, für die Aufgaben der modernen Industriegesellschaft zunehmend ungeeignet wird. Anhand erheblichen Zahlenmaterials weist er nach, daß in der Wirtschaft der Jurist seine früheren Spitzenstellungen fast überall verloren hat und als Leiter der Rechtsabteilung nur noch einer unter den maßgeblichen Angestellten unterhalb der Vorstandsebene ist, daß die Anwaltschaft im gesamten Wirtschaftsbereich zunehmend an Boden gegenüber den wirtschaftswissenschaftlichen Berufen einbüßt und daß in der Verwaltung der zahlenmäßige Anteil der Juristen nicht nur gegenüber den technischen Berufen, sondern auch gegenüber den Nationalökonomen fällt.

Diese letzteren Zahlen sind unbestreitbar, im übrigen für denjenigen, der die Verhältnisse unvoreingenommen betrachtet, keine Überraschung. Daß die Ursachen hierfür von *Kaupen* im wesentlichen zutreffend aufgezeigt sind, halte ich für sicher.

Lassen Sie mich zum Bild des Juristen in unserer Zeit noch auf die Stimme eines Juristen selbst verweisen, der sicher ein moderner Geist ist, ohne zu der Gruppe der oft als suspekt empfundenen Reformer[8] zu gehören, *Ludwig Raiser. Raiser* hat sich in der Festschrift für *Kern*[9] mit Aufgabe und Verantwortung des Juristen in unserer Gesellschaft befaßt und sich dabei auch mit dem Bild des Juristen auseinandergesetzt. Er weist auf den Vor-

---

[8] Charakteristisch hierfür etwa *Dinslage*, Das Richteramt in der Krise in „Die Unabhängigkeit des Richters", Köln 1969, S. 40 ff.

[9] *Raiser*, Aufgabe und Verantwortung des Juristen in unserer Gesellschaft, Tübinger Festschrift für Eduard Kern, 1968, S. 383 ff.; manche ähnliche Gedanken, wenn auch andere Schlußfolgerungen finden sich bei *Wieacker*, Der Beruf des Juristen in unserer Zeit, Gedenkschrift für *Franz Gschnitzer*, Innsbruck, 1969, S. 467 ff.

wurf autoritärer Gesinnung hin, den er als pauschal übertrieben, aber dennoch nicht ganz abwegig ansieht, und auf die Behauptung der Klassengebundenheit, in der mindestens die Einseitigkeit der sozialen Herkunft nicht zu bestreiten sei, ohne daß *Raiser* aber den hieraus von *Dahrendorf* gezogenen Folgerungen zustimmt. Breiten Raum widmet *Raiser* dem Vorwurf, der Richter sei in erster Linie „Rechtstechniker" und bliebe als solcher einem engen und ängstlichen, auf Sicherheit bedachten Formalismus verhaftet. *Raiser* konstatiert „Unsicherheit über die eigene gesellschaftliche Aufgabe", der Jurist, nicht nur der Richter, orientiere sich entweder an älteren, heute als „autoritär" empfundenen Ordnungsvorstellungen, oder aber er ziehe sich auf eine geschäftsmäßige, rechtstechnisch einwandfreie Arbeit der Fallbehandlung zurück. Kenntnis und wissenschaftliche Analyse der sozialen Wirklichkeit seien nicht hinreichend vorhanden.

Ich kann in groben Strichen zusammenfassen:

Heute wie früher ist das Bild des Juristen durch stark negative Striche gezeichnet. Aber es sind andere Akzente, die dieses Bild bestimmen. An die Stelle von Untugenden, von charakterlichen Mängeln und menschlichen Schwächen sind Zweifel an der geistigen und wissenschaftlichen Fähigkeit des Juristen zur Bewältigung seiner heutigen Aufgaben getreten. Die Erfassung der gesellschaftlichen Wirklichkeit soll ihm durch seine soziale Herkunft erschwert, wenn nicht unmöglich gemacht sein. Die rechtswissenschaftliche Ausbildung lasse die Erkenntnis der sozialen Wirklichkeit, des geistigen und politischen Hintergrundes des gesetzten Rechtes außer Acht. Er arbeite deshalb vornehmlich als Rechtstechniker ohne Bezug auf außerrechtsdogmatische Umstände, insbesondere den Menschen selbst. Geistig bleibe der Jurist zu stark im Ordnungsdenken verhaftet und damit überkommenen Ordnungen verbunden; er könne sich deshalb nicht hinreichend auf die Wandlungen der Gesellschaft im Zeitalter der Technologie und der modernen wirtschaftlichen Entwicklungen einstellen. Es bestehe Gefahr, daß er aus allen diesen Gründen zur Bewältigung der damit verbundenen neuen Fragen nicht in der Lage sei.

Dieses Bild des Juristen mag dunkel erscheinen. Aber ich halte diese Akzentverlagerung nicht für ungünstig. Denn sie läßt erkennen, daß die Gesellschaft auch heute den Juristen als notwendig empfindet. Hinter der Kritik steht die Erwartung, daß der Jurist einen wesentlichen Beitrag zur Fortentwicklung unserer staatlichen und gesellschaftlichen Verhältnisse zu leisten hat, daß er hierfür gebraucht wird. Nur besorgt man, daß der Jurist in seinem gegenwärtigen Bild und Selbstverständnis diesem von ihm erwarteten Beitrag kaum gerecht werden kann. Alle diese negativen Urteile sind im Grunde Aufforderungen an den Juristen, sich der Gegenwart und seiner Aufgaben in dieser Gegenwart stärker bewußt zu werden und hieraus die notwendigen Konsequenzen zu ziehen. *Raiser* hat dies durchaus zutreffend gesehen, wenn er seinen Beitrag mit der Forderung schließt, daß ein verändertes Selbstverständnis in das Bewußtsein des ganzen sich heute als Einheit verstehenden Berufsstandes der Juristen eingehen müsse.

Verändertes Selbstverständnis? Wie versteht sich denn der Jurist als solcher in unserer Zeit? Wie versteht er, über die Alltagsarbeit in den verschiedenen Berufszweigen hinaus, seine Aufgabe? Welche Ziele setzt er sich, welche Ziele sind ihm gegeben? Wie kann er diese von ihm erkannten Aufgaben und Ziele erreichen? Welche Folgerungen ergeben sich für ihn aus der Reflektion und Antwort auf diese Fragen?

Alle diese Überlegungen sind eingebettet in die geistige, staatliche und gesellschaftliche Wirklichkeit von heute. Denn wie kein anderer Beruf ist der des Juristen in diese Zusammenhänge hineingestellt und steht er in unlösbaren Wechselbeziehungen zu ihnen. Wer über diese Fragen spricht, kommt notwendig von einer persönlichen Sicht dieses Hintergrundes. Ihn vorab darzustellen, wäre an sich schon um der intellektuellen Redlichkeit wegen am Platze. Ich muß dennoch darauf verzichten, die Zeit eines Vortrages reicht hierfür nicht hin. Schon die Frage, was der Jurist ganz allgemein als seine Aufgabe und Funktion in unserer Gegenwart ansieht, noch mehr, was objektiv diese seine Aufgabe und Funktion ausmacht, könnte Gegenstand eines staatsrechtlichen oder gesellschaftskundlichen Seminars sein, das sich kaum in einem Semester bewältigen läßt. Ich möchte hier in den Mittelpunkt meiner Erörterungen die quantitative und qualitative Expansion juristischer Aufgaben in unserer Zeit stellen. Es mag das nun vielleicht eine überraschende Feststellung sein, ist man doch eher geneigt, von einem Schwinden des Einflusses von Juristen heute zu sprechen, hat doch *Kaupen*, von mir gerade

auch insoweit zitiert, einen solchen Abbau der Juristen aus
Führungsfunktionen festgestellt und sieht *Rasehorn* den Juristen bereits an den Rand der Gesellschaft abgedrängt[10]. Aber
diese Meinungen beziehen sich zu stark auf den Bereich der
Wirtschaft. Mir scheint es nur natürlich, wenn dort der Natio-
nalökonom sich durchsetzt, der Jurist dagegen nur als einer der
Spezialisten angesehen wird, der im Team mit anderen Projekte
ausarbeitet, gestaltet und durchführt. Der Schluß dagegen aus
dieser Situation in der Wirtschaft auf Staat und Gesellschaft
scheint mir falsch. Aufgaben und Funktionen der Juristen allgemein werden sich in unserer Zeit vielmehr ausweiten. Sie werden
insbesondere einen qualitativen Wandlungsprozeß erheblichen
Umfanges durchmachen. Er wird allerdings nur bewältigt werden können, wenn die Juristen ihn rechtzeitig erkennen und für
ihn gerüstet sein werden. Denn sie müssen das Selbstverständnis
der Juristen wesentlich bestimmen.

Ich möchte diese Expansion folgendermaßen umschreiben:
Richter und Staatsanwalt und mit ihm der vorwiegend in der
streitigen Rechtspflege tätige Rechtsanwalt sind vornehmlich
durch die Rechtsdogmatik geprägt. Sie beruht auf der Vorstellung der Lückenlosigkeit der gesetzten Rechtsordnung und
will dem — hier sei er so genannt — Justizjuristen das Handwerkszeug vermitteln, die richtige Entscheidung eines konkreten
Streitfalles aus dieser lückenlosen gesetzten Rechtsordnung abzuleiten. Die logische Subsumtion des Sachverhalts unter die
abstrakte Rechtsnorm wird als grundlegende Aufgabe angesehen. Daß sie allein nicht ausreicht, ist an sich spätestens seit
Ihering bekannt. Längst sind anstelle der logischen Auslegung
verfeinerte Methodologien getreten, die sich weniger an der
Grammatik und Logik der Norm orientieren, sondern an der
Interessenlage, dem Telos, den Topoi. Namen wie *Viehweg*[11],
Esser[12], *Wieacker*[13], *Coing*[14] kennzeichnen den Standort der
modernen Hermeneutik; sie können durch *Kriele*[15] und *Friedr.*

[10] *Rasehorn,* NJW 1970, 24.
[11] *Viehweg,* Topik und Jurisprudenz, 3. Aufl. 1964.
[12] *Esser,* Grundsatz und Norm in der richterlichen Fortbildung des
Privatrechts, 2. Aufl. Tübingen 1964.
[13] *Wieacker,* Gesetz und Richterkunst — Zum Problem der außergesetz-
lichen Rechtsordnung, 1958.
[14] *Coing,* Die juristischen Auslegungsmethoden und die Lehren der allgemeinen Hermeneutik, 1959.
[15] *Kriele,* Theorie der Rechtsgewinnung, entwickelt am Problem der Verfassungsinterpretation, 1967.

Müller[16] für den Bereich der Verfassungsinterpretation ergänzt
werden. Auch diese äußerst differenzierten Methodenlehren
empfinden sich aber als Weg zur Gesetzesauslegung, als Mittel,
den vom Gesetz vorgegebenen, wenn auch oft nur schwer er-
kennbaren Inhalt der abstrakten Norm zu erkennen, um hier-
unter dann den einzelnen Sachverhalt zu subsumieren[17].

Die Vorstellung einer lückenlosen Rechtsordnung ist aus dem
vergangenen Jahrhundert überkommen. Sie korrespondiert unmittelbar mit den großen Kodifikationen, die in dieser Zeit entstanden sind. Mit ihnen wollte der Gesetzgeber tatsächlich
lückenlos gesamte Rechtsbereiche regeln. Kodifikationen diesen
Umfanges beruhen auf der Idee, alle Lebenssachverhalte in ein
System abstrakter Rechtsregeln einbinden und -ordnen zu
können.

Mir scheint, daß dieses Bild der lückenlosen Rechtsordnung
der Vergangenheit angehört. *Kübler* hat in seinem Beitrag
„Kodifikation und Demokratie“[18] ebenso wie in seinem Festvor-
trag zum 60jährigen Jubiläum des Deutschen Richterbundes[19]
darauf hingewiesen, daß infolge einer Reihe hier nicht näher zu
beschreibenden Struktur- und Funktionsänderungen die moderne Demokratie kaum fähig ist, aber auch kaum berufen sein
könne, kodifiziertes Recht zu setzen. Persönlich halte ich dies
schon deshalb für richtig, weil der allgemeine Konsens, den
solche Kodifikationen benötigen, in der pluralistischen, nicht
obrigkeitsstaatlich geformten und bestimmbaren Demokratie
kaum zu finden sein wird. Auch ist der lange Atem, den Kodifikationen benötigen, in einer Demokratie mit wechselnden Mehr-
heitsverhältnissen nur selten vorhanden. Insbesondere sind aber
die gesellschaftlichen Umstände nicht so stabilisiert, daß sie für
eine Kodifikation reif wären. Die Kodifikation ist in erster
Linie die normative Fixierung und auf Dauer gedachte statische
Verrechtlichung gesellschaftlich bereits vorhandener und weitgehend anerkannter Regeln. Sicher stellt sich auch dem modernen Gesetzgeber die Aufgabe, Rechtsbereiche in dieser Weise

---

[16] *Friedrich Müller*, Normenstruktur und Normativität — Zum Verhältnis von Recht und Wirklichkeit in der juristischen Hermeneutik, entwickelt
an Fragen der Verfassungsinterpretation, 1966.
[17] Hierzu *Schwerdtner* in Auseinandersetzung mit *Wiethölter*, ZRP 1969,
136 f.
[18] *Kübler*, JZ 1969, 645 ff.
[19] DRiZ 1969, 379 ff.

geschlossen zu normieren. Die Strafrechtsreform oder das Unehelichenrecht sind Beispiele hierfür. Der „lange Atem" wird dabei durch Aufteilung der Kodifikation in Einzelabschnitte gewonnen. Aber im Grunde steht der moderne Gesetzgeber vor ganz anderen Aufgaben. Für ihn steht die Planung der Zukunft im Vordergrund. Industrielle Entwicklung, Urbanisierung der Bevölkerung mit der Entstehung riesiger Ballungsgebiete, existentielle Abhängigkeit des Einzelnen von staatlichen und gesellschaftlichen Mächten, das alles unter der Prognose stürmischer und unaufhaltsamer Fortentwicklung zwingen ihn zu dieser Planung. Er findet nur noch begrenzt stabile Gesellschaftsordnungen vor, er muß sie weitgehend selbst formieren und immer wieder neu zu gestalten suchen. In weitem Umfange wird Planung durch Rechtsnormen vollzogen, im Plan als Rechtsinstitut vereinigen sich Normen verschiedenster Herkunft und Qualität. Rechtsprechung und Dogmatik haben es noch vor sich, hierfür greifbare und praktikable Kriterien und Konsequenzen zu erarbeiten.

Das Maßnahmegesetz, also das Gesetz, das nicht statisch bestehende Zustände normiert, sondern Reaktion des Gesetzgebers auf eingetretene Umstände ist, die durch das Gesetz geändert oder gestaltet werden sollen, ist längst nicht nur verfassungsrechtlich anerkannt[20], sondern vorherrschender Gesetzestyp geworden; das Einzelfallgesetz, das nur noch einzelne Tatbestände erfaßt und regelt, ist ihm gefolgt und wird ebenfalls allgemein als zulässig angesehen[21]. Gemessen an Kodifikationen ist diese Form der Gesetzgebung eine Art Flickarbeit, die Vorstellung der Lückenlosigkeit kann mit ihr nicht verbunden werden. *Kübler* spricht von der Normalität eines fragmentarischen und periodischen Charakters des Gesetzes[22].

In die Lücken solcher Gesetzgebung strömt aber notwendig richterliche Rechtsbildung hinein. Natürlich war schon früher die Lückenlosigkeit der Rechtsordnung mehr Ideologie als Wirklichkeit. Ohne Generalklausel ist kaum eine Kodifikation ausgekommen. Ich habe es immer als eine kaum verständliche Unterschätzung richterlicher Tätigkeit angesehen, die Interpretation des § 242 BGB etwa noch als Auslegung einer gesetzlichen

---

[20] BVerfGE 4, 18; 8, 329; 10, 108.
[21] BVerfGE 10, 108.
[22] JZ 1969, 651 unter Hinweis auf *A. Arndt*, NJW 1963, 1276.

Norm, nicht dagegen als Akt richterlicher Rechtsbildung zu be-
greifen. Aber die moderne Entwicklung ist mit dem Begriff der
Generalklausel nicht voll erfaßt. Denn vielfach stehen dem
Richter angesichts der heutigen Gesetzgebung nicht einmal mehr
Generalklauseln auf der Ebene des einfachen Gesetzes zur Ver-
fügung. Der Richter tritt an die Stelle des Gesetzgebers. Man
denke etwa an das moderne Arbeitsrecht, das in weiten Partien,
etwa im Bereich des Arbeitskampfrechtes, reines Richterrecht ist,
weil kein Gesetzgeber bereit ist, dieses durch die Parteien hin-
durch kontroverse Gebiet zum Gegenstand gesetzlicher Regelung
zu machen. Man denke an das Subventionsrecht, das in diesem
Hause weitgehend erarbeitet worden ist und für das es, von
Rudimenten abgesehen, unterhalb der Verfassung keine Norm
gibt. Man denke an den Vertrauensgrundsatz, den Bundesver-
waltungsgericht und Bundessozialgericht zu einem Richtpunkt
des modernen Verwaltungsrechts entwickelt haben, obwohl er in
generellen Normen nicht enthalten ist. Aber auch im Zivilrecht
findet man über die Generalklauseln hinaus längst selbständiges
Richterrecht. Man braucht gar nicht auf die Schmerzensgeld-
rechtsprechung des BGH bei Verletzungen des Persönlichkeits-
rechtes zu rekurrieren[23]. Wenn der Zivilrichter über die Zuläs-
sigkeit allgemeiner Geschäftsbedingungen zu entscheiden hat,
verläßt ihn das normierte Recht, er entscheidet nach eigenen
Maßstäben und konstruiert nur noch fiktiv einen Zusammenhang dieser Entscheidung mit einer gesetzten Norm, etwa
§ 138 BGB.

Ich halte es für sicher, daß diese Entwicklung fortschreitet,
weil sie notwendige Konsequenz einer Legislative ist, die zur
lückenlosen Normierung außerstande, hierzu auch nicht gewillt
ist. Sie führt einmal zur quantitativen Expansion richterlicher
Tätigkeit. Denn auf immer neue Bereiche erstreckt sich das
Handeln der öffentlichen Hand und der quasi-öffentlichen Ver-
bände, muß sich auch im modernen Leistungsstaat hierauf er-
strecken. Überall aber verlangt der Rechtsstaat der Prägung des
Art. 19 Abs. 4 GG richterliche Überprüfbarkeit, weil ohne sie
der Adressat staatlichen Planens nur noch sein Objekt wäre, er
die letzten Bereiche individueller Entscheidung und persönlicher
Freiheit verlieren würde, deren Schutz Aufgabe der rechtsstaatlichen Ordnung ist.

---

[23] BGHZ 24, 72; 26, 349; 30, 7; 35, 363; 39, 124; 50, 133.

Die quantitative Expansion führt aber auf weiten Bereichen zunehmend auch zu einer qualitativen Umwandlung der richterlichen Entscheidung. Die richterliche Tätigkeit beschränkt sich immer weniger auf die rechtliche Klärung des Einzelfalles, sie wird vielmehr zur Gestaltung der Rechtsordnung. Sie gewinnt unvermeidlich rechtspolitische Akzente und wird mittelbar damit zu einem Bestandteil der Gesellschaftspolitik, da Rechtspolitik und Gesellschaftspolitik in untrennbarem Miteinander verbunden sind. Natürlich wird es auch in Zukunft eine Vielzahl, sicher die weitaus größte Zahl von Streitentscheidungen sein, die in schlichter Subsumtion den konkreten Fall erledigen. Hier wird unmittelbar aus der Norm abgeleitet, was Rechtens ist. Aber mehr als früher und zunehmend scheinen mir in der Entscheidung des Einzelfalles Gestaltungsfunktionen auf den Richter zuzukommen. Sie betreffen einmal den Fall selbst. Seine Entscheidung ist mangels ausreichender gesetzlicher Grundlagen allenfalls vordergründig Subsumtion, in Wirklichkeit dagegen originäre Rechtsbildung. Die Entscheidung ist deshalb auch nicht oder nur begrenzt vorausberechenbar, eine an sich beklagenswerte, aber unvermeidliche Erscheinung, die m. E. für die Gestaltungsfunktion schon für den Einzelfall charakteristisch ist. Mit Recht hat *Zweigert*[24] gerade für diese Bereiche das Bild des Richters als „Sozialingenieur" geprägt. Viel stärker noch aber erweist sich in der Summe solcher Fälle die Bildung von Recht selbst, die richterliche Gestaltung der Rechtsordnung.

Dieser Entwicklung in der Rechtsprechung scheint mir eine ähnliche Expansion in der Verwaltung zu entsprechen. Planung und Plan sind in weitem Umfange der Verwaltung übertragen. Es ist hier nicht Raum, über das Verhältnis von Legislative und Exekutive zu sprechen, dessen Wandlungen eine der erregenden Entwicklungen unserer und nicht nur unserer deutschen Verfassungswirklichkeit ist. Feststellen kann man sicher ohne Widerspruch, daß es in den letzten Jahrzehnten zu einer Anreicherung von Aufgaben an die Verwaltung ganz ungeahnten Ausmaßes gekommen ist. Die Leistungsverwaltung ist nur in begrenztem Umfange durch den Gesetzgeber normierbar. Vielfach kann er ihr nur Ziele setzen und sie zu den für ihre Erfüllung notwendigen Maßnahmen im Gesetz ermächtigen. Die Maßnahme selbst,

---

[24] Die Zeit v. 21. 2. 1969, Nr. 8, S. 56.

ihre Auswahl und ihren Einsatz, überläßt er der Verwaltung. Oft begnügt er sich nur damit, im Haushalt Mittel auszuwerfen, über deren sinnvolle Verwendung die Verwaltung zu entscheiden hat. Ist es nicht charakteristisch, daß in, soweit ich sehe, allen Ländern der Bundesrepublik Deutschland die Landesentwicklungsprogramme, also die nach den Landesverfassungen wohl wichtigsten Gestaltungsprinzipien eines Landes, nicht von den Landtagen als Gesetz beschlossen, sondern von der Exekutive aufgestellt und für verbindlich erklärt werden. Die Parlamente haben sich die Planung weitgehend aus der Hand nehmen lassen und sich auf die Bestätigung oder allenfalls Modifizierung ihr von der Exekutive vorgelegter Planungsgesetze beschränkt, ohne den Willen oder auch nur die Möglichkeit zu haben, Alternativen aufzustellen und abzuwägen. Folge hiervon ist, daß die Exekutive von den Regierungen herunter bis zu den Gemeinden in weitem Umfange und weit mehr als früher gestaltende Aufgaben hat. Welche Gestaltungsweite etwa hat der Planfeststellungsbeschluß über die Trasse einer Bundesstraße. Seine Regelung läßt Gemeinden zu Industrieorten werden und andere Gemeinden zu Wohnstädten absinken, er entscheidet mittelbar über Bevölkerungsstrukturen und -bewegungen, über Verkehrsströme und raumordnerische Entwicklungstendenzen. Und das alles in der Form eines Verwaltungsaktes überkommener Prägung, ohne jede Beteiligung der Legislative, die lediglich im Haushalt das Geld bereitstellt, ohne jede inhaltliche Bindung an gesetztes Recht, wenn man von den verfassungsrechtlichen Grundsätzen der Sachgerechtigkeit[25] und der Verhältnismäßigkeit[26] absieht. Ähnliche Auswirkungen des einzelnen Verwaltungsaktes lassen sich etwa im Bereich des Subventionsrechts, in der Bildungsplanung, in der Raumordnung, in der Forschung feststellen. Ist es zuviel gesagt, wenn man der Summe dieser, weitgehend durch Juristen zu praktizierenden, mindestens aber von ihnen mit zu verantwortenden Verwaltungsmaßnahmen eminent gestaltende Funktionen zumißt?

Damit aber begegnet sich die Exekutive mit der oben skizzierten Entwicklung richterlicher Tätigkeit. Ich habe den Eindruck,

---

[25] Zur Einordnung des Ermessens in ein Prinzip der Sachgerechtigkeit, vgl. *Draht*, Grundgesetz und pluralistische Gesellschaft in Weltanschauliche Hintergründe in der Rechtsprechung, Karlsruhe 1968, 85 ff.
[26] BVerwGE 2, 36; 28, 39; DVBl. 69, 360 f.

daß Verwaltungs- und Justizjuristen sich weniger als je auf den Normvollzug zu beschränken haben oder auch nur beschränken können. Für sie sollte das naive Selbstverständnis als eines bloßen unpolitischen Richters oder Normvollstreckers wirklich erschüttert sein, wie es *Ballerstedt*[27] ausgedrückt hat. *Flumes* Forderung auf dem 46. Deutschen Juristentag[28], Rechtsbildung dürfe nicht Aufgabe des Richters sein, sie obliege allein der Legislative, scheint mir daher eher ein Rückruf aus einer vergangenen Epoche denn ein Postulat der Gegenwart zu sein. Ebenso aber halte ich auch die Thesen angeblich moderner Verwaltungsrechtslehre, Verwaltungsermessen sei mit dem Rechtsstaatsgedanken unvereinbar, Aufgabe der Verwaltung sei ausschließlich der durch das Gesetz determinierte Gesetzesvollzug, für anachronistisch[29]. Aus den gleichen Gründen im Ansatz verfehlt scheint mir aber auch die in der Richterschaft gegenwärtig nicht selten anzutreffende Distanzierung von der Exekutive und die Forderung nach einer eigenen, möglichst in sich geschlossenen, von Legislative und Exekutive streng getrennte Judikative zu sein. Hier wird die Gewaltenteilungslehre plötzlich ins bekenntnishaft-grundsätzliche gewandelt, während sie doch nur ein variables System der Checks of balance ist und überhaupt zweifelhaft sein kann, ob sie auf die Dauer als Grundprinzip staatlicher Organisation den Anforderungen an den modernen Staat genügt. Tatsächlich gehen doch heute schon die drei Erscheinungsformen staatlichen Handelns immer mehr ineinander über. Sie unterscheiden sich nicht mehr prinzipiell, sondern nur noch graduell voneinander. Die richterliche Unabhängigkeit, die angeblich die Gräben zwischen Judikative und den anderen Gewalten erforderlich machen soll, kann sicher ohne solche Gräben auf andere Weise gesichert werden, wenn sie überhaupt so gefährdet ist, wie dies gern behauptet wird.

Daß schließlich Planung und Plan vom Gesetzgeber weit mehr als früher Gestaltung verlangt, daß deshalb der Gesetzgebung als Umsetzung der Planung in die Wirklichkeit wiederum vordringlich dynamische Gestaltungs-, weniger dagegen

---

[27] *Ballerstedt*, Festgabe für *Otto Kunze*, Berlin 1969, S. 39 ff., 50.
[28] *Flume*, Richter und Recht, Verhandlungsberichte 46. Deutscher Juristentag, K, S. 1 ff.
[29] Zuletzt etwa *Rupp*, Ermessensspielraum und Rechtsstaatlichkeit, NJW 1969, 1273.

statische Konstatierungsaufgaben obliegen, daß damit aber Rechtsetzung und Rechtsanwendung sich in diesem Funktionswandel begegnen, sei abschließend zu diesem Abschnitt vermerkt. Auch Rechtsetzung diesen Inhalts ist ohne den Juristen nicht denkbar[27].

Quantitative und qualitative Expansion juristischer Tätigkeit! Kann der Jurist, wie er sich heute darstellt und wie er sich selbst versteht, die damit verbundenen Aufgaben erfüllen? Hier stellen sich Zweifel ein, Zweifel, die sich zum Teil mit dem eingangs aufgezeigten Bild des Juristen decken, zum Teil andere Ursachen haben, die aber überwunden werden müssen, wenn jenes veränderte Selbstverständnis Wirklichkeit werden soll, von dem *Raiser* gesprochen hat.

Der Jurist wird Abschied nehmen müssen von der Vorstellung, daß Rechtspraxis wertneutrale unpolitische Entscheidung sei. Sie war es wohl nie, auch nicht zu einer Zeit, wo sich der Jurist in der Bindung einer lückenlosen systemgerechten Rechtsordnung sah oder glaubte, seine Tätigkeit beschränke sich darauf, mit dem Rüstzeug der Rechtswissenschaft versehen hieraus die richtige Entscheidung ableiten zu können. Denn auch die Erhaltung der bestehenden Ordnung ist politische Entscheidung, wenn man erkennt, daß in der Rechtsordnung vorgegebene Wert- und Gesellschaftsordnungen normiert sind, ihr Fortbestand deshalb gleichzeitig den Fortbestand dieser tatsächlichen Ordnungen impliziert und sichert. *Fraenkel* hat mit seiner Schrift „Zur Soziologie der Klassenjustiz" 1927[30] nachdrücklich auf den politischen Hintergrund einer Reihe von Entscheidungen hingewiesen, die spürbar von meist bürgerlichem Konservativismus beherrscht waren; *Thilo Ramm* hat in der bekannten Kontroverse mit der Rechtsprechung des Bundesarbeitsgerichts[31] ähnliche Überlegungen aufgegriffen und *Richard Schmid* hat auf eine Reihe jüngster Erkenntnisse deutscher Gerichte aufmerksam gemacht[32], die offensichtlich von politischen und weltanschaulichen Fixierungen des Richters getragen sind.

---

[30] *Fraenkel*, Zur Soziologie der Klassenjustiz, Berlin 1927.
[31] *Ramm*, JZ 1964, 494 ff.; 546 ff.; 582 ff.; JZ 1966, 214.
[32] *Schmid*, Weltanschauliche Hintergründe in der Strafrechtsprechung in Weltanschauliche Hintergründe in der Rechtsprechung, Karlsruhe 1968, S. 31 ff.

Kaum eine Fragestellung trägt solche Emotionen in sich und wird so selten nüchtern, rationell und offen diskutiert wie die der Politikbezogenheit gerade richterlicher Tätigkeit. Ich kann sie hier nur knapp aufreißen:

Einmal halte ich es für selbstverständlich, im übrigen aber auch durchaus nicht für vorwerfbar, daß die soziale Herkunft des Richters wie jedes anderen Juristen auf seine Entscheidung da Einfluß nehmen kann, wo entweder der Lebensbereich dieser Herkunft selbst berührt wird oder aber er infolge dieser Herkunft Personen und Umstände des konkreten Falles oder seines Hintergrundes nicht voll erkennen oder verstehen kann. Warum sollte der Jurist von Bindungen frei sein, die für jedermann gelten? Denn jeder Mensch wird in Wesen, Denkungsart und Vorstellungen zwangsläufig durch Elternhaus, Schule und Ausbildung geprägt. Eine Objektivierung von diesen Einflüssen ist nur begrenzt möglich. Vielleicht ist der Jurist kraft seiner Ausbildung hierzu noch am ehesten fähig. Ausschließen kann er diese Bindung sicher nicht. Er sollte sich ihr aber bewußter sein als bisher, um im Einzelfall die Relativität seines Standortes zu erkennen. Das führt zu einem anderen, wichtigeren Gesichtspunkt. Der Jurist sollte wesentlich mehr und besser über den rechtspolitischen und gesellschaftspolitischen Hintergrund der von ihm zu handhabenden Rechtsinstitute informiert sein. In der Regel erfährt der Jurist hierüber in seiner Ausbildung wenig, wie eben überhaupt rechtspolitische Überlegungen für die Gegenwart oder auch nur im Hinblick auf die historische Entstehung von Rechtsinstituten in der Ausbildung wie in der Fortbildung des Juristen nur eine geringe Rolle spielen. Ihre Kenntnis bleibt seiner eigenen Initiative überlassen. Wer erfährt heute schon im Studium oder später etwas über Entstehung und Hintergrund der elementaren Vorschrift des Artikels 14 GG. Auch in den umfangreichsten Kommentaren finden sich zwar die feinsten Verästelungen für die Auslegung de lege lata, über den rechtspolitischen Hintergrund aber fast nichts[33]. Für viele ist die Regelung des Artikels 14 fast eine selbstverständliche Größe, ein unantastbares, ein „vom Himmel geholtes" Recht, archaisch, ohne geschichtliche Wandlungen und Entwicklungen. Daß in Wirklichkeit die Eigentumsgarantie in der uns bekannten Form

---

[33] Vgl. etwa die Kommentierungen bei *Maunz-Dürig-Herzog* oder von *Mangold-Klein;* ein kurzer Hinweis findet sich im Bonner Kommentar.

noch nicht zweihundert Jahre alt ist, aus der französischen Revolution stammt, daß zu ihren geistigen Vätern Robespierre und Camille Desmoulins gehören, die sie in heftigen Kämpfen gegen Baboeuf und Buonarotti durchgesetzt haben, daß immerhin in fast der Hälfte der Staaten unserer Erde ganz andere Eigentumsvorstellungen herrschen, wird kaum zur Kenntnis gebracht und genommen. Es paßt so recht auch in keinen der Vorlesungsstoffe. Ich sage das nicht, um hier gegen Artikel 14 zu Felde zu ziehen. Sicher handelt es sich bei der Eigentumsgarantie um eine der Grundlagen nicht nur des liberalen, sondern auch des sozialen Rechtsstaates. Aber ich meine, daß über das Verhältnis zwischen Freiheit und Bindung des Eigentums offener und freier diskutiert, aber auch die juristische Entscheidung über die Abgrenzungen sicherer getroffen werden kann, wenn man diesen politischen Hintergrund kennt.

Wahrscheinlich wäre beispielsweise das Städtebauförderungsgesetz leichter zu verabschieden und wäre mit einer sinnvolleren Handhabe in der Rechtsanwendung zu rechnen, wenn die besondere Rolle des Bodens in der Eigentumsordnung klarer erkannt würde. Denn er ist anders als jeder andere Gegenstand nicht produzierbar, er kann nicht vermehrt werden. Er ist aus diesem Grunde nicht nur in besonderem Maße der Spekulation preisgegeben. Vielleicht unterliegt er deshalb im Rahmen der Sozialadäquanz des Eigentums anderen Bindungen als sonst fungible und mobile Sachen und Rechte. Und vielleicht würde bei der Entschädigungsregelung, wenn ein Unternehmen einer Enteignungsmaßnahme zum Opfer fällt, eher erkannt, daß der Verlust des Unternehmens nicht nur den Eigentümer im überkommenen Rechtssinn betrifft, sondern nicht selten ebenso und dann härter den Arbeitnehmer. Seine Arbeitskraft steckt in dem Unternehmen und ist mit ihm verbunden. Er geht aber entschädigungsmäßig leer aus, obwohl er den Arbeitsplatz und damit die Grundlage seiner Tätigkeit mindestens an diesem Ort oft verliert. Hinter vielen solchen gerade grundsätzlichen Normen verbergen sich historische, rechtspolitische und gesellschaftliche Hintergründe. Ihre Aufhellung scheint mir dringend geboten. *Ballerstedt* hat sie in der Festschrift für *Kunze*[34] beispielhaft für arbeitsrechtliche Probleme, für das Erbrecht und für

---

[34] Vgl. Anm. 27.

das Eigentum dargestellt. Hier scheint mir eine wesentliche Aufgabe der Studienreform, aber auch der späteren Fortbildung zu liegen.

Das alles hat mit einer „Politisierung" des Juristen oder des Rechts in dem Sinn nichts zu tun, daß der Jurist seine eigene politische oder werltanschauliche Auffassung im Einzelfall zum Recht erhebt. Er bleibt an die Rechtsordnung gebunden, er kann nicht etwa das Eigentum abschaffen oder seine Rechtspraxis auf eine solche Abschaffung ausrichten, wenn er die Eigentumsgarantie persönlich ablehnt. Aber er muß den geistigen wie rechtspolitischen Rang der Normen kennen, wenn er sie, gestaltend wie oben beschrieben, anwenden will.

Die Aufhellung der Hintergründe setzt freilich den Kontakt mit den Nachbardisziplinen voraus. Einer der stärksten Gründe für die Unruhe in der jüngeren Juristengeneration ist das Gefühl, den Anforderungen einer modernen Rechtsanwendung mit den Mitteln der Rechtsdogmatik allein nicht mehr gerecht werden zu können. Daß hier begründete Sorgen deutlich werden, halte ich für sicher. Die überkommene Rechtswissenschaft entsprach dem Bild der großen Kodifikation und damit dem juristischen Selbstbild des bürgerlichen Zeitalters. Viele Entscheidungen, die wir heute für ein juristisches Glasperlenspiel halten, empfand die damalige Zeit als geistige Leistung. Aber täuschen wir uns nicht. Auch heute finden wir Entscheidungen sogar höchster Gerichte, die aus solchem geistigen Glasperlenspiel entstanden zu sein scheinen, Sachentscheidungen von oft erheblicher Bedeutung, denen die als Parteien beteiligten Bürger keinen inneren Gehalt, kein Gespür für die hier gestellte Gestaltungsaufgabe, sondern nur logische Scheingefechte entnehmen können. *Adolf Arndt* hat einmal ausgerufen: „Wenn doch die Juristen nur nicht so scharfsinnig wären!" Man kann es kaum sinnfälliger ausdrücken, was ich hier meine. Zwei Dinge tun not:

Einmal Bescheidenheit! Wir sollten nicht nur die juristische oder moralische Positur aufgeben, in die wir uns so oft setzen. Wir sollten auch die juristische Brille entfernen, die uns Menschen und Sachverhalt so leicht so erscheinen lassen, daß sie subsumierbar sind. Das Leben ist oft ganz anders, als wir es annehmen. Wer, wie es die anwaltliche Praxis mit sich bringt, den Protest, besonders aber die Resignation von Adressaten juristischer Tätigkeit kennt, deren Erklärungen der Jurist einen von ihnen nie gewollten angeblichen Willen aufzwingt, deren Darstellung komplizierter Umstände er nicht zu Ende zuhört, so daß er über einen falschen Sachverhalt entscheidet, deren Schicksal er nicht versteht, weil es ihm zu fern ist, weiß, wie not uns allen Bescheidenheit tut!

Darüber hinaus aber scheint mir dringender als je erforderlich, daß der Jurist mit den Nachbardisziplinen in engstem Kontakt steht und ausgebildet wird. Anthropologie und Psychologie auf der einen, Volkswirtschaft auf der anderen Seite sind als solche notwendige Nachbardisziplinen zum Teil bereits in das Bewußtsein der Juristen aufgenommen, wenn sie auch in der Ausbildung meist nur stiefmütterlich behandelt werden. Gegen Soziologie und Politologie bestehen, soweit ich sehe, oft geradezu unüberwindbare, weitgehend nur noch irrational zu erklärende Abneigungen. Daß die radikalen Anhänger der APO sich vielfach aus diesen Wissenschaftsbereichen rekrutieren, kann nicht der Grund sein, denn die Abneigung bestand schon, ehe es eine APO gab. Vielleicht hängt sie mit den ideologisch oder philosophisch orientierten Schulen besonders der Soziologie zusammen, zu denen es keine rechte Brücke gibt. Aber um sie geht es nicht. Vielmehr müssen dem Juristen die Grundzüge soziologischer und politologischer Arbeitsweise und Arbeitsergebnisse vermittelt werden. Die Transparenz sowohl allgemeiner gesellschaftspolitischer Entwicklungen wie aber auch des konkreten Sachverhalts ist für die Tätigkeit des Juristen, wie ich sie in Gegenwart und Zukunft sehe, unerläßlich. Er kann sie nicht gewinnen, wenn er nicht wenigstens über die Grundlagen ihrer wissenschaftlichen Erforschung verfügt. Man kann weit eher auf die Esoterik hypothekenrechtlicher Fallgestaltungen in der Ausbildung verzichten, die für die Praxis nur geringe Bedeutung haben[35]. Das hier aussprechen ist leicht; der Verwirklichung dieser Forderungen stehen Barrieren wechselseitigen Mißtrauens entgegen, darüber hinaus auch zahllose technische Schwierigkeiten. Sie müssen überwunden werden. Der Jurist der Zukunft muß m. E., wenn er seine Gestaltungsaufgabe erfüllen will, allein oder im Team — Teamarbeit ist sicher auch eine Forderung der Stunde, aber für den Juristen noch nicht recht entdeckt

---

[35] Vgl. die Glosse von *Rasehorn* in „Im Namen des Volkes", Luchterhand 1968, 105.

— in der Lage zu sein, den Menschen vor sich nicht nur dunkel zu fühlen, sondern aus den Erkenntnissen der Wissenschaft vom Menschen und dem menschlichen Zusammenleben zu verstehen. Er muß die Zusammenhänge erkennen oder die Erkenntnisse der Nachbarwissenschaften hierüber verarbeiten können, er muß den rechtspolitischen Hintergrund einer Entscheidung erfassen, er muß — auch — Bilanzen lesen können. Daß es an all diesem heute oft mangelt, sollte nicht zweifelhaft sein. Hier kann nur eine grundlegende Ausbildungsreform helfen. Sie endlich aus dem Stadium ungezählter Vorschläge zu lösen und über eine Lockerung des § 5 DRiG mindestens den Weg zum Experiment zu öffnen, scheint mir eine wichtige Aufgabe der Beratungen des kommenden Deutschen Juristentages zu sein. Vorschläge wie der Hamburger Reformkommission oder des Loccumer Kreises könnten so wenigstens praktisch erprobt werden. Daß am Ende die Beseitigung der bisherigen Aufspaltung der Ausbildung, an ihrer Stelle ein Theorie und Praxis verbindender einheitlicher Ausbildungsgang stehen wird, ist meine persönliche Meinung.

Von gleicher Bedeutung und vielleicht sogar noch größeren Schwierigkeiten für das Selbstverständnis des Juristen scheinen mir die Konsequenzen zu sein, die sich aus der technologischen Entwicklung für den Juristen ergeben. Schon die äußere Form juristischer Arbeit erscheint antiquiert. Wer aus einem modernen Planungsbüro in einen Gerichtssaal kommt, wird oft den Eindruck nicht los, hier zwei Welten zu begegnen, zwischen denen ein Brückenschlag kaum noch möglich ist. Ich denke gar nicht mal an die Tintenfässer, die hier im Hause die Richterbank zieren. Sie werden, soweit ich beobachtet habe, von niemandem benutzt und sollen vielleicht nur an Bill Drews und seine Vorgänger erinnern. Auch die gesamte Technik des Justizbetriebes, zum Teil auch der Anwaltsbüros, erscheint hoffnungslos veraltet. Das fängt mit der räumlichen Unterbringung an und endet mit der Unzulänglichkeit des Arbeitsmaterials, etwa der Unvollständigkeit und Veraltung der Bibliotheken in Gerichten und Verwaltung. Wer unter solchen Umständen arbeitet, wird kaum die gerade dem Juristen notwendige innere Sicherheit gegenüber den Mitmenschen aus anderen Berufen aufbringen, sondern sich in verkrampfte Elitevorstellungen oder aber stolze Distanz flüchten. *Ehmke* hat auf dem Anwaltstag 1969[36] in

---

[36] AnwBl. 1969, 265.

Aachen gemeint, die Würde der Justiz brauche sich nicht in Ärmlichkeit zu manifestieren. Mir scheint, daß sich Würde der Justiz — welch überholtes Wort an sich — und moderne technische Rationalisierung durchaus vertragen könnten.

Viel gewichtiger ist der innere Einfluß der Technologie auf die juristische Tätigkeit, auf ihr Denken und Handeln. Ich halte es für sicher, daß die juristische Datenbank im kommenden Jahrzehnt in der einen oder anderen Form Wirklichkeit wird. Andere europäische Länder sind uns auf diesem Gebiet voraus, wir werden folgen. Die Datenbank ist zunächst Hilfsmittel für die juristische Praxis. Ist sie einmal vorhanden, wird sehr schnell die Praxis sich hierauf einstellen. Daß die Sacharbeit hierbei gewinnen wird, weil zahllose Leerläufe vermieden werden, leuchtet ein. Die Datenbank wird aber im Laufe der Zeit das juristische Denken selbst beeinflussen. Über die Systematisierung der Begriffe und den Zwang, sie auf logisch erfaßbare und damit speicherungsfähige Elemente zu reduzieren, wird es zu einer Mathematisierung des juristischen Denkvorganges kommen. *Podlech* hat hierauf in sehr lesenswerten Beiträgen aufmerksam gemacht[37]. Damit aber entsteht die Gefahr einer Wiederauferstehung der Subsumtionslogik, die am Anfang der Begriffsjurisprudenz gestanden hat, deren Wiederkehr aber niemand wünscht, weil sie der Gestaltungsaufgabe des Juristen diametral entgegenstehen würde. Man muß die Antinomie der an den Juristen gerichteten Forderungen, der Technologie auf der einen, der Gesellschaftspolitik auf der anderen Seite, mit aller Härte sehen, weil nur so überhaupt ein Lösungsweg gefunden werden kann. Es werden Grenzen gesucht werden müssen. Der Computer kann so weit, aber auch nur so weit eingesetzt werden, als für den Menschen als Subjekt der Rechtsanwendung hinreichend Raum belassen wird. Rechtsanwendung sollte immer am Menschen orientiert sein.

In ganz engem Zusammenhang damit steht die wohl ebenfalls unvermeidliche Verbindung, die der Jurist mit der Bürokratie eingegangen ist. Die Einbettung der Judikative in die Bürokratie ist längst vollzogen. Daß sie durch eine Änderung der Titel der Richter oder durch Rotation des Vorsitzes oder durch

---

[37] *Podlech*, Anforderungen der Kybernetik an die Juristen, Recht und Politik 1968, 21 ff.

22

die Selbstverwaltung der Gerichte wieder aufgehoben oder auch nur gemindert werden könnte, glaube ich nicht. Ich messe diesen Fragen, die innerhalb der Richterschaft von Wichtigkeit sein mögen, im Zusammenhang meiner Überlegungen keine große Bedeutung zu. Die Liberalisierung der äußeren Formen im Gerichtsbetrieb, die Entdeckung der Höflichkeit im Verhältnis zwischen Richtern und Parteien und Zeugen — *Baring*[38] hat von dem „gehörigen Verfahren" gesprochen — sind sicher schöne Fortschritte. Aber die Justiz holt hier nur nach, was in der Exekutive längst geschehen ist. An der Bürokratisierung selbst wird es nicht viel ändern.

Der Verwaltungsjurist gehört unmittelbar in die Bürokratie, der Wirtschaftsjurist vielfach ebenfalls. Denn die personelle Organisation großer Industrieunternehmen, besonders im Bereich der Dienstleistungen, ist der Bürokratie der öffentlichen Hand weitgehend angenähert. Die Bürokratie ist an sich nichts schlechtes, im Gegenteil, der Leistungsstaat der Industriegesellschaft kann ohne sie nicht existieren. Aber ähnlich wie der Computer zur sachlichen Objektivierung der Rechtspraxis führen kann, die seelenlos ist, weil sie den Menschen nicht mehr kennt, kann die Bürokratisierung der Judikative juristischen Routinebetrieb zur Folge haben, der von der Gleichgültigkeit beherrscht wird, für den der Mensch als Adressat seiner Tätigkeit nur noch verplantes Objekt oder Adressat richterlichen Entscheidungskompetenz ist. Ich halte es für sicher, daß einer der stärksten Antriebskräfte der gegenwärtigen Unruhe in der Jugend das Gefühl einer solchen Entwicklung ist. Sie läßt sich nur bewältigen, wenn der Jurist in sein berufliches Selbstverständnis das Bewußtsein wachsamer Kontrolle politischer, gesellschaftlicher und wissenschaftlicher Macht aufnimmt, wie dies *Raiser*[39] formuliert hat. Ob dies ausreicht, ob genügend innere Impulse von diesem Bewußtsein ausgehen werden, kann niemand voraussagen. Meine persönlichen Zweifel können sie meinem engagement für den Ombudsman entnehmen, der hier Lücken füllen könnte[39a].

Letztlich aber mündet die Frage, ob der Jurist die oben aufgezeigten Aufgaben bewältigen kann, in die Überlegung ein, ob

---

[38] *Baring*, Das gehörige Verfahren, DRiZ 1966, 366.
[39] *Raiser*, a. a. O. S. 400 f.
[39a] NJW 1967, 1297 ff.

er die notwendigen generellen Maßstäbe und Ziele hierfür finden wird. Das Selbstverständnis des Juristen steht notwendig in Wechselbeziehungen zu den staatlichen und gesellschaftlichen, ebenso auch zu den geistigen Entwicklungen unserer Zeit. Auch der Jurist ist deshalb dem Autoritätsverlust ausgesetzt, der unsere gesamte überkommene Welt erfaßt hat. Ich denke hier nicht an die richterliche Autorität im Gerichtssaal. Es geht mir um die Frage nach den Maßstäben, an denen sich die Entscheidung des Juristen zu orientieren hat. Wir erleben eine ungewöhnliche Zeit. Der Verfall bisher selbstverständlicher Autoritäten mag lang zurückreichende Ursachen haben, beide Weltkriege, Auschwitz, das atomare Gleichgewicht ebenso wie die Eroberung des Weltraumes, die Aussicht auf die Manipulierbarkeit des Menschen, die Pille. Sichtbar geworden ist der Verfall eigentlich erst seit dem 22. November 1963, als mit Kennedy der letzte Politiker der westlichen Welt sein Leben verlor, der diese weltweite Autoritätskrise aufzufangen und auf neue Ziele auszurichten in der Lage schien. In den sechs Jahren danach sind die überkommenen Autoritätshierarchien in Staat, Kirche, Familie, Schule, Universität, Beruf in einem Maße und einer Rasanz geschmolzen, daß uns für die kommenden Jahre noch viel erwarten läßt. Wir leben in einer geistesgeschichtlichen Übergangszeit, ohne das Ziel dieser Zeit zu kennen. Epochen dieser Art — das alte Europa hat sie ähnlich um die Wende des 15. zum 16. und im 18. Jahrhundert durchgemacht — bringen abenteuerliche und abstoßende Erscheinungen hervor. Das Zeitalter der Entdeckungen und der Reformation zum Beginn der Neuzeit etwa war nach außen hin durch Geißelmönche, Bilderstürmer, Wiedertäufer und Räuberbanden gekennzeichnet. Wir erleben heute manche ähnlichen Vorgänge. Nur täusche man sich nicht, sie sind nicht der Inhalt des Neuen, was sich abzeichnet, sondern Symptom für das Absterben des Alten. Hinter ihnen vollziehen sich die wirklichen Entwicklungen.

Mitten in diesen Geschehnissen steht auch der Jurist. Natürlich nicht in jeder Entscheidung, aber nicht selten da, wo sich das zu vollziehen hat, was ich Gestaltungsaufgabe nannte. Wo soll er die Maßstäbe finden? Es wäre leicht, ihn allen Zweifeln zum Trotz auf überkommene Grundlagen zu verweisen, auf das Naturrecht, sei es katholisch oder humanistisch geprägt, auf die christliche Ethik oder auf die säkularisierte Wertordnung des bürgerlichen Zeitalters. *Ernst*[40], früheres Mitglied dieses Gerichts, hat kürzlich hierzu gemeint, es müsse in solcher Übergangszeit das alte Ordnungsgefüge so lange verteidigt werden, bis sich in der Auseinandersetzung hiermit etwas Neues, Tragfähiges gebildet habe. Für den Einzelnen mag dies ein Weg und eine sein Handeln bestimmende Entscheidung sein. Dem Juristen wird diese These in seiner beruflichen Arbeit nur schwerlich weiterhelfen können, weil in einer modernen demokratisch verfaßten Industriegesellschaft der allgemeine Konsenz fehlt, er damit zu Autoritäten Zuflucht nimmt, die nicht mehr allgemein als solche empfunden werden. Die Entfernung der Kruzifixe in den Verwaltungsgerichten des Landes NW, die jetzt vollzogen worden ist, scheint mir für diese Situation ungewöhnlich charakteristisch. Die Verankerung des Rechts im metaphysischen Raum ist gelöst; sie mag für den Einzelnen fortbestehen, die Gesellschaft empfindet sie nicht mehr. Wahrscheinlich leidet jeder unter uns an dieser Situation. Als ich diesen Vortrag niederschrieb, erschien gerade in der FAZ ein Leitartikel unter der Überschrift „Die Fahne von Hué"[41]. Der Inspekteur des Heeres hat in einer Studie aufgerufen, die alte Symbolkraft der Fahne Soldaten von heute wieder nahezubringen, denn auf der Zitadelle von Hué seien Vietcong und Amerikaner gefallen, um ihre Fahne dort wehen zu lassen. Der Leitartikler konnte nur bemerken, daß das Zeitalter der Atomwaffen für solche Symbolik keinen Raum mehr gebe. Jeder von uns, die wir als Juristen in uns den Hang zur Vergangenheit, oft gepaart mit einer Art Sozialromantik spüren, wird Stunden haben, wo er der heilen Welt juristischer Kodifikationen auf der Grundlage allgemein anerkannter, mindestens von niemandem öffentlich bezweifelter Grundvorstellungen nachtrauert. Aber diese Epoche geht zu Ende.

Auf der anderen Seite darf der Jurist nicht lavieren, noch weniger sich der gerade ihm sich aufdrängenden Aufgaben entziehen. Bloßer Pragmatismus kann freilich nur begrenzt weiterhelfen. Auch die „praktische Vernunft", an die der Baden-Württembergische Justizminister *Schieler*[42] kürzlich appelliert

---

[40] *Ernst*, Führung in einer freiheitlichen Gesellschaft, Köln, 1969, S. 42.
[41] *Adelbert Weinstein*, Die Fahne von Hué, FAZ v. 27. 12. 1969.
[42] *Schieler*, DRiZ 1969, 208.

hat, ist letztlich kaum tragfähig. Der Ruf nach sozial-wissenschaftlicher Ausrichtung der Rechtspraxis kann die notwendigen Maßstäbe für letzte Entscheidungen nicht ersetzen.

Sicher, das Recht hat viel mehr bloße Ordnungsfunktionen als überkommene Rechtsphilosophien dies angenommen haben. Das fragmentarische und periodische Recht, wie es der planende und gewährleistende Staat schafft und braucht, bedarf oft keines wertenden Grundes. Die Zwecksetzung ist offenbar, das Recht erschöpft sich in diesem Zweck. Aber gerade dann, wenn das gesetzte Recht schweigt und die Gestaltungsaufgabe des Juristen in Judikative und Exekutive angerufen ist, muß er oft aus dieser bloßen Ordnungsfunktion heraustreten, muß materielle Werte und Ziele erkennen und bewußt zu verwirklichen suchen. Hier bleibt heute allein das Grundgesetz. Es ist vom allgemeinen Konsenz getragen, alle Emanationen staatlicher Tätigkeit haben von ihm auszugehen.

Ich habe den Eindruck, daß mindestens in der Übergangszeit, in der wir stehen und der wir entgegengehen, hier in erster Linie die generellen Grundlagen für die Arbeit, damit aber auch für das Selbstverständnis des Juristen in unserer Zeit gefunden werden können. Sicher ist das Grundgesetz in vieler Beziehung rückwärts gewandt formuliert. Es ist nicht Aktion, sondern Reaktion auf den vorangegangenen national-sozialistischen Staat. Aber in dem Bekenntnis zum sozialen Rechtsstaat, das mir im Mittelpunkt zu stehen scheint, in diesem Postulat der Verwirklichung des Sozialstaats in rechtsstaatlichen Formen, sind genügend Richtpunkte zu modernem Verständnis der einzelnen Bestimmungen der Verfassung enthalten, welche die Rechtspraxis benötigt. Der Weg ist vielfältig vorgezeichnet, aber für viele Juristen noch fremd. Nur langsam empfindet der Jurist, daß nicht nur das Verwaltungsrecht konketisiertes Verfassungsrecht ist, wie es der verstorbene Chef dieses Hauses unvergeßlich 1959 in Stuttgart formuliert hat[43], sondern daß unsere ganze Rechtsordnung Konkretisierung der Verfassung sein muß. Glückliche Ansätze hierzu sind in der jüngsten Recht-

---

[43] *Werner*, Verwaltungsrecht als konkretisiertes Verfassungsrecht, DVBl. 1959, 527 ff.

[44] Zur Literatur vgl. etwa *Raiser*, Grundgesetz und Privatrechtsordnung, Verhandlungsberichte 46. Deutscher Juristentag, B, 1 ff. und *Schmidt-Salzer*, NJW 1970, 12 ff.

sprechung überall zu finden[44]. Von hier aus scheint mir, sollte das Selbstverständnis des Juristen seine endgültige Prägung erhalten. Denn Erfahrung und Bescheidenheit, Wissen und klares Denken in dem Umfang, wie ich es hier angedeutet habe, gehören zwar zu den Grundlagen juristischer Tätigkeit. Daß sie oft fehlen, wird in dem Bild des Juristen von heute mit Recht bemängelt. Sie allein genügen aber nicht. Von *Albert Einstein* stammt das Wort, daß das Wissen von dem, was ist, nicht direkt das Tor zu dem öffnet, was sein soll. „Man kann das vollständige Wissen von dem, was ist, haben und doch nicht fähig sein, davon abzuleiten, was das Ziel der menschlichen Bemühungen sein soll." Der Jurist, der als Inhalt seiner Tätigkeit die Gestaltung menschlicher, sozialer und gesellschaftlicher Verhältnisse versteht, bedarf auch heute solcher Ziele, wenn er seine Aufgabe erfüllen soll.

Gestalten und Probleme aus Humanismus und Jurisprudenz

Neue Studien und Texte

Von Guido Kisch

Groß-Oktav. Mit 16 Tafeln und 2 Textabbildungen. 338 Seiten. 1969. Ganzleinen DM 64,—

Der Begriff der Rechtspflicht

Quellenstudien zu seiner Geschichte

Von Hans-Ludwig Schreiber

Mit einem Vorwort von Hans Welzel

Oktav. X, 168 Seiten. 1966. DM 22,—

Ein Leben für die Gerechtigkeit

Erinnerungen

Von Franz Scholz

Oktav. 164 Seiten. 1955. Ganzleinen DM 14,50

Die Rechtssicherheit

Von Franz Scholz

Oktav. VII, 87 Seiten. 1955. DM 9,60

Die rechtsprechende Gewalt

Wegmarken des Rechtsstaates in Deutschland
Eine Einführung

Von Dieter Brüggemann

Oktav. XVI, 196 Seiten. 1962. Ganzleinen DM 28,—

WALTER DE GRUYTER & CO · BERLIN 30

Das Vertrauensschutz-Prinzip

Zugleich eine notwendige Besinnung auf die Grundlagen unserer
Rechtsordnung. Eine Studie
Von KARL-HEINZ LENZ
Oktav. VI, 65 Seiten. 1968. DM 8,—

Die Stellung der Studenten in der Universität

Von HANS HEINRICH RUPP und WILHELM KARL GECK
Oktav. IV, 75 Seiten. 1968. DM 4,—

Grundzüge der Rechtsphilosophie

Von HELMUT COING
2. Auflage
Oktav. XVI, 369 Seiten. 1969. Gebunden DM 36,—
(de Gruyter Lehrbuch)

Lehrbuch der Rechtsphilosophie

Von RUDOLF STAMMLER
3., vermehrte Auflage
Oktav. XV, 396 Seiten. 1928. Nachdruck 1970.
Ganzleinen DM 72,—

Exakte Wissenschaft und Recht

Der Einfluß von Naturwissenschaft und Mathematik auf Rechts-
denken und Rechtswissenschaft in zweieinhalb Jahrtausenden.
Ein historischer Grundriß
Von DIETER V. STEPHANITZ
Oktav. XII, 273 Seiten. 1970. DM 48,—

(Münsterische Beiträge zur Rechts- und Staatswissenschaft Heft 15)

WALTER DE GRUYTER & CO · BERLIN 30